Ruth Rocha e Otavio Roth

AZUL E LINDO:
PLANETA TERRA, NOSSA CASA

SALAMANDRA

A imagem de nosso planeta, representado de forma tão apropriada neste livro, deveria ser divulgada a todo instante, para que as pessoas em todo o mundo possam valorizar esta herança única e preciosa.

Talvez uma boa maneira de começar, como os autores fizeram, seja com as crianças. E é por isso que consideramos esta obra tão oportuna e necessária. O que nos motiva ainda mais é o fato de que dá vitalidade e compreensão à Declaração Mundial sobre o Meio Ambiente, de Estocolmo, que representa talvez o primeiro consenso global sobre nossa responsabilidade pelo cuidado e pela manutenção deste pequeno planeta – tão azul e tão lindo.

Apresentamos este volume na esperança de um futuro melhor para vocês, crianças de todo o mundo.

ESTE É O PLANETA TERRA

DE LONGE ELE É ASSIM:

AZUL E LINDO.

HÁ MUITO TEMPO QUE O HOMEM VEM TENTANDO CONHECER MELHOR O UNIVERSO.

NESTA BUSCA SÃO USADOS TELESCÓPIOS CADA VEZ MAIS PODEROSOS;

FOGUETES CAPAZES DE IR CADA VEZ MAIS LONGE;

ANTENAS CADA VEZ MAIS APERFEIÇOADAS.

MAS POR ENQUANTO NÃO SE CONHECE NO UNIVERSO INTEIRINHO
UM PLANETA COMO ESTE

ONDE HAJA AR,

ONDE HAJA ÁGUA,

ONDE HAJA VIDA!

MAS PARA QUE A TERRA CONTINUE A NOS DAR
TUDO AQUILO DE QUE PRECISAMOS PARA VIVER,

TEMOS QUE CUIDAR DELA
COMO CUIDAMOS DE NOSSA
PRÓPRIA CASA

E MELHOR AINDA.

POIS DA NOSSA CASA
NÓS PODEMOS NOS MUDAR.

DA TERRA, NÃO

E NÓS SABEMOS QUE NÃO ESTAMOS TRATANDO DA TERRA COMO DEVERÍAMOS.

POR ISSO OS MEMBROS DA ORGANIZAÇÃO DAS NAÇÕES UNIDAS PREOCUPAM-SE COM O MEIO AMBIENTE.

VÁRIAS REUNIÕES JÁ FORAM FEITAS
PARA DISCUTIR ESSE PROBLEMA.

E DESTAS REUNIÕES TÊM SAÍDO
DECLARAÇÕES,
MANIFESTOS
E PLANOS DE AÇÃO
QUE TENTAM ESTABELECER O QUE PODE
SER FEITO PARA EVITAR QUE A TERRA

— A NOSSA TERRA —
— A NOSSA CASA —

VENHA A SE TRANSFORMAR NUM AMBIENTE
HOSTIL,
COM MUITOS DESERTOS,
ÁGUAS ENVENENADAS,
FLORESTAS DEVASTADAS,
ONDE SERIA IMPOSSÍVEL VIVER.

ESSAS DECLARAÇÕES, MANIFESTOS,
PLANOS DE AÇÃO,
DIZEM MAIS OU MENOS O SEGUINTE :

TODOS OS HOMENS SÃO IGUAIS
E PORTANTO TÊM O DIREITO
DE VIVER BEM,
NUM AMBIENTE SAUDÁVEL.

TODOS TÊM O DEVER
DE PROTEGER
E RESPEITAR
O MEIO AMBIENTE E A VIDA
EM TODAS AS SUAS
FORMAS.

OS RECURSOS DA TERRA,
O AR, A ÁGUA, O SOLO,
A FLORA E A FAUNA
DEVEM SER PROTEGIDOS,
PARA O NOSSO PRÓPRIO BEM
E PARA O BEM
DAS CRIATURAS QUE
AINDA VÃO VIVER
NO FUTURO.

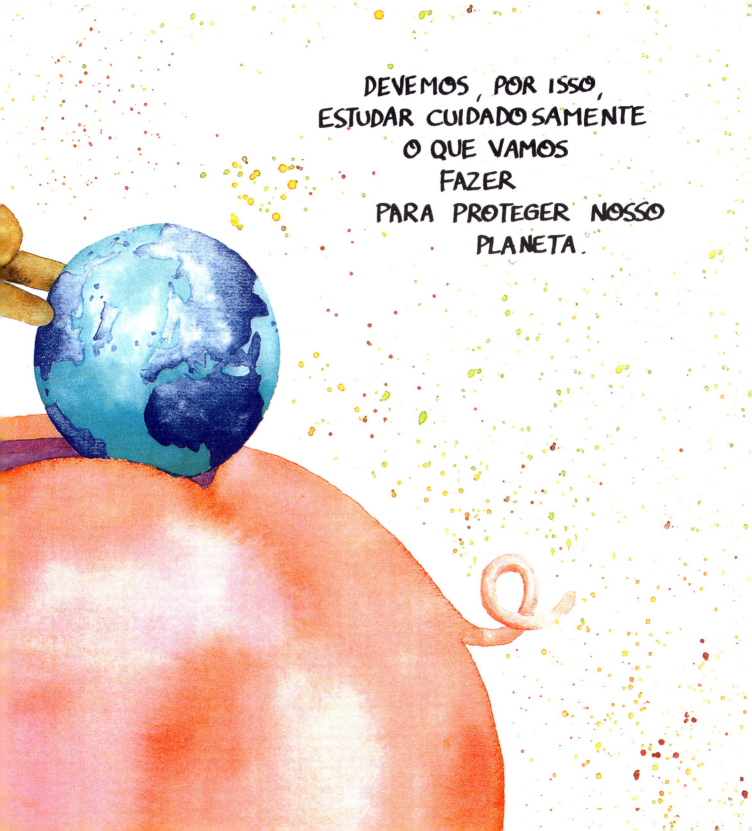

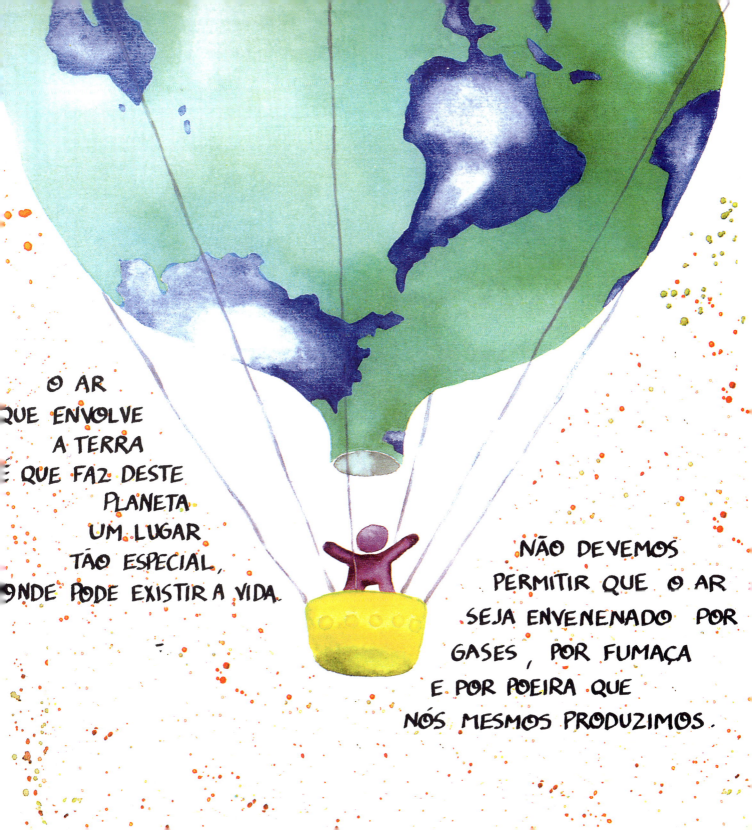

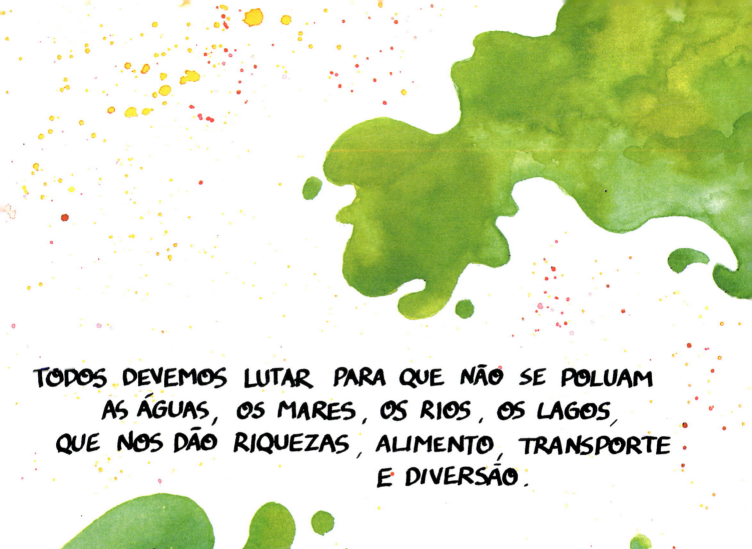

TODOS DEVEMOS LUTAR PARA QUE NÃO SE POLUAM AS ÁGUAS, OS MARES, OS RIOS, OS LAGOS, QUE NOS DÃO RIQUEZAS, ALIMENTO, TRANSPORTE E DIVERSÃO.

NOSSO PLANETA LEVOU MUITOS ANOS
PARA SE TORNAR O QUE ELE É.

A DESTRUIÇÃO DE UMA OU MAIS ESPÉCIES
VIVAS
DESEQUILIBRA A NATUREZA
E PODE TRAZER
CONSEQUÊNCIAS GRAVES
PARA A HUMANIDADE.

O HOMEM DEVE VIVER
EM HARMONIA
COM TODOS OS SERES
VIVOS.

QUANDO INTERFERIMOS NA NATUREZA, PRECISAMOS TER CUIDADO PARA NÃO PREJUDICAR O QUE LEVOU MILHÕES DE ANOS PARA SER CONSTRUÍDO.

O QUE RECEBEMOS DE NOSSOS PAIS DEVE SER ENTREGUE A NOSSOS FILHOS MELHORADO E NÃO DESTRUÍDO.

TEMOS QUE ACABAR
COM A POLUIÇÃO
E INVENTAR MANEIRAS DE VIVER
MELHOR:

SEM DESPERDÍCIO,
SEM ENVENENAR A NATUREZA,
RESPEITANDO OS SERES VIVOS,

PORQUE ASSIM SEREMOS TODOS
MAIS SAUDÁVEIS
E MAIS FELIZES.

É JUSTO
QUE TODOS OS POVOS
QUEIRAM MELHORAR
DE VIDA.

OS GOVERNOS DEVEM
SE JUNTAR
PARA FAZER PLANOS
PARA APROVEITAR
MELHOR
OS RECURSOS DE TODOS,
PORQUE
VIVEMOS TODOS
NA MESMA CASA
E O QUE SE FAZ
NUM LUGAR
TEM CONSEQUÊNCIAS NO
OUTRO.

TUDO QUE A HUMANIDADE SABE HOJE,
TODA A CIÊNCIA
DEVE SER USADA PARA DESCOBRIR
NOVAS FORMAS
DE VIVER,
PARA EVITAR TODAS AS FORMAS
DE DESPERDÍCIO
E PARA COMBATER TODAS AS
FORMAS DE POLUIÇÃO.

DEVEMOS, PARA ISTO,
OLHAR MAIS PARA A NATUREZA,
PROCURAR COMPREENDÊ-LA
E
APRENDER COM ELA..

É PRECISO EDUCAR POLÍTICOS,
CIENTISTAS,
PROFESSORES
E ATÉ OS GOVERNANTES,
QUE DEVERIAM OLHAR MAIS
PARA OS POVOS
E OS GRUPOS
QUE VIVEM COM SIMPLICIDADE,
SABEDORIA
E EM HARMONIA COM A NATUREZA.

TODAS AS NAÇÕES DO MUNDO DEVEM TOMAR CONTA DAQUILO QUE PERTENCE A TODOS NÓS

— A TERRA E SEUS SISTEMAS DE PRESERVAÇÃO DA VIDA.

ASSIM NOSSA HERANÇA,
NOSSA HERANÇA MAIS PRECIOSA

– A TERRA –

ESTARÁ GARANTIDA PARA NÓS,
PARA OS NOSSOS FILHOS
E PARA OS FILHOS DOS NOSSOS FILHOS.

E NOSSO PLANETA
CONTINUARÁ A SER
O QUE AINDA HOJE É:

AZUL E LINDO!

"More em casa ou num barraco
Coma na mão ou no prato
Viva lá no fim do mundo
Durma na cama ou no chão
Toda criança do mundo
Mora no meu coração." [1]

Ruth e Otavio, em 1990.

Esses versos resumem a base sobre a qual Ruth Rocha construiu sua carreira: um carinho especial pelas crianças, que, em suas próprias palavras, manifesta-se em sua obra na forma de uma "cumplicidade e uma admiração sem fim pela criança criativa, irreverente, perguntadeira".

Mas não apenas isso: ainda nas palavras dela, na base de seu trabalho está também um "horror ao autoritarismo, à mesmice, ao conformismo".

Talvez muita gente não saiba, mas Ruth é formada em Ciências Sociais pela Escola de Sociologia e Política de São Paulo. É uma grande conhecedora de humanidades e, entre suas leituras preferidas, feitas em conjunto com a irmã Rilda, estão livros que discutem aspectos da realidade do Brasil e do mundo.

---

[1] Estrofe final do poema "Toda criança do mundo", do livro *Toda criança do mundo mora no meu coração*, com poemas de Ruth Rocha. São Paulo, Salamandra, 2014 (2ª edição).

É por isso que, além de contar histórias (engraçadas, irreverentes e mal-criadas), ela também publicou livros que informam as crianças sobre direitos humanos, defesa do meio ambiente e ideais de liberdade.

Foi a partir de um convite do artista plástico Otavio Roth que Ruth reescreveu, numa linguagem simples e acessível a todos, o conteúdo da *Declaração Universal dos Direitos Humanos*, proclamada pela Assembleia Geral das Nações Unidas em 10 de dezembro de 1948.

Otavio havia criado ilustrações para os princípios da Declaração. A partir do texto de Ruth, ele as adaptou para o formato de um livro, que lançaram em 1988, na sede da ONU, em Nova York.

Em seguida, a convite da ONU, os dois fizeram juntos *Azul e lindo: planeta Terra, nossa casa*, baseado na declaração proclamada na Conferência das Nações Unidas sobre o Meio Ambiente Humano, reunida em Estocolmo de 5 a 16 de junho de 1972.

São livros bonitos e importantes, que permaneceram como testemunho de uma época, mas que também nunca perderam a atualidade e continuam formando e informando as crianças, geração após geração.

Adaptação © Ruth Rocha
Ilustrações © Otavio Roth
Editora Salamandra: 16ª edição, 2014.
Publicações anteriores: Editora Salamandra,
1ª, 2ª e 3ª edições, 1991; 4ª edição, 1992; 5ª edição, 1993; 15ª edição, 1999.

COORDENAÇÃO EDITORIAL
Lenice Bueno

CURADORA DA OBRA DE RUTH ROCHA
Mariana Rocha

EDIÇÃO DE TEXTO
Danilo Belchior

PROJETO GRÁFICO E
COORDENAÇÃO DE EDIÇÃO DE ARTE
Camila Fiorenza

DIAGRAMAÇÃO
Cristina Uetake e Elisa Nogueira

PRÉ-IMPRESSÃO
Helio de P. Souza Filho

COORDENAÇÃO DE PRODUÇÃO INDUSTRIAL
Wilson Aparecido Troque

IMPRESSÃO E ACABAMENTO
A.S. Pereira Gráfica e Editora EIRELI

LOTE
797300 - Código 12090883

Todos os direitos reservados.

Editora Moderna Ltda.
Rua Padre Adelino, 758, Quarta Parada
São Paulo/SP. Cep: 03303-904
Vendas e Atendimento: Tel. (11) 2790-1300
www.salamandra.com.br
Impresso no Brasil / 2025

Dados Internacionais de Catalogação na Publicação (CIP)
(Câmara Brasileira do Livro, SP, Brasil)

Rocha, Ruth
   Azul e lindo : planeta Terra, nossa casa / Ruth Rocha ;
e [ilustrações] Otavio Roth. -- 16. ed. -- São Paulo :
Salamandra, 2014.

   1. Literatura infantojuvenil. I. Roth, Otavio.
II. Título.

   ISBN: 978-85-16-09088-3

14-08125   CDD-028.5

Índices para catálogo sistemático:
1. Literatura infantil 028.5
2. Literatura infantojuvenil 028.5